ÉLOGE

DE M. LAISNÉ,

NOTAIRE.

ÉLOGE

DE

MONSIEUR LAISNÉ,

NOTAIRE ET COLONEL DE LA 8e. LÉGION DE LA
GARDE NATIONALE DE PARIS,

PRONONCÉ

*Le mardi 20 février 1821, avant le Service
que la Légion a fait célébrer dans l'Église
de SAINTE-MARGUERITE, en mémoire du
défunt.*

PAR

M. BOURGOIS,

L'UN DES OFFICIERS, ET AVOCAT A LA COUR
ROYALE DE PARIS.

PARIS,

De l'Imprimerie de VIGOR RENAUDIERE,
MARCHÉ-NEUF, N.° 48.

1821.

ÉLOGE

DE

Monsieur LAISNÉ.

Messieurs,

L'éloge est une œuvre difficile, surtout lorsque celui qui en est l'objet, ne nous offre qu'une vie stérile en vertus et en bonnes actions; mais ici la tâche est plus aisée, puisque la vérité se trouve d'accord avec nos sentimens, et qu'il s'agit bien moins de louer un mérite consacré par l'opinion publique et les plus augustes suffrages, que d'acquitter la dette de la reconnaissance et de l'amitié.

En me confiant ce soin religieux (1), vous avez pensé, avec raison, que le sujet se suffisait à lui-même, et qu'il saurait bien, sans le secours du talent, intéresser et aller jusqu'au cœur. Je viens donc, au nom de la 8e. Légion, de cette Légion non moins fidèle à ses affections qu'à ses devoirs, payer à la mémoire de M. LAISNÉ, de celui qui fut notre colonel et notre ami, le juste tribut de nos douleurs et de nos regrets. Hélas ! le jour de la fatale cérémonie, je voulais aussi jeter quelques fleurs sur sa tombe vénérée; mais je ne me sentis que la force de l'arroser de mes larmes. D'ailleurs, Messieurs, qu'aurais-je pu vous dire ? Aujourd'hui même, que pourrai-je vous apprendre ? Qui de vous ignore que M. LAISNÉ possédait, à un degré supérieur, toutes les qualités qui font chérir l'homme privé, honorer l'homme public, estimer le citoyen utile ?

____

(1) L'auteur avait été chargé par le corps d'Officiers de prononcer l'Eloge de M. LAISNÉ.

(3)

Si nous considérons l'homme privé, nous trouvons en lui le fils le plus respectueux, l'époux le plus tendre et le meilleur des pères. Avec quelle sensibilité il parlait souvent de sa bonne mère, de cette mère plus qu'octogénaire, et que sa mort, peut-être, va précipiter dans la tombe ! Que de prévenances, que de soins affectueux pour celle qui fut, pendant vingt-cinq ans, sa compagne et son amie ! Plein de tendresse pour ses enfans, d'estime et d'attachement pour ses gendres (1), comme il aimait à s'environner de ses parens, de ses proches, de tout ce qui lui était cher ! Simple et modeste au milieu d'une grande prospérité, il plaçait son bonheur dans ces réunions de famille qui ne donnent rien, il est vrai, à l'ostentation ni au luxe, mais qui procurent à l'âme de véritables jouissances, et qui seules, si je puis ainsi parler, peuvent rassasier le cœur de l'honnête homme.

____

(1) MM. Després et Froger Deschesnes, notaires, justement considérés dans leur compagnie.

Comme homme public, quel notaire a joui d'une plus grande considération, d'une confiance plus méritée, d'un attachement plus général que M. LAISNÉ ? Vous le savez, il avait de nombreux cliens ; il en avait, et dans la classe la plus relevée de la société, et dans la classe plébéienne. Eh bien ! quelle était sa conduite ? quels étaient ses procédés ? rempli de déférence et d'égards pour ceux que le préjugé de la naissance ou du rang plaçait au-dessus de lui, négligeait-il le plébéien modeste qui venait demander ses conseils, réclamer son ministère ? non, Messieurs, affable envers tout le monde, il accueillait chacun avec cette grace et cette bonté qui lui étaient si naturelles. Dans toutes ses actions, il n'avait en vue que l'avantage de ses cliens. Par une sage transaction, il épargnait à celui-ci un procès dont l'événement est toujours incertain, et dont le succès même est souvent ruineux. Par un conseil adroitement ménagé, il ramenait insensiblement celui-là dans le sentier de la justice et de la bonne foi, dont souvent le maudit intérêt nous écarte malgré nous - mêmes. Tous les actes de son ministère portaient avec eux le cachet de la clarté, de la précision. Jamais on ne trouvera, au nombre de ses minutes, un de ces traités captieux, insidieux, amphibologiques, qui, semblables aux oracles entortillés d'une Sybille, paraissent destinés à servir, par leur obscurité même, l'animosité des deux parties, et à donner le signal du combat. Ainsi je puis dire avec vérité, et sans craindre d'être désavoué par qui que ce soit, que le cabinet de M. LAISNÉ était le sanctuaire de la probité et de l'honneur, et que chacun en sortait, satisfait de son notaire et plus content de lui-même.

Enfin, Messieurs, faut-il vous parler de la conduite politique de M. LAISNÉ ? Faut-il vous rappeler que son dévouement au Roi et à l'auguste famille des Bourbons était sans bornes, sa fidélité sans égale, son zèle sans exemple ? Ce serait, Messieurs, vous fatiguer de redites inutiles, vous, qui en avez été cent fois les témoins, vous qui, dans toutes les circonstances, avez partagé ses sentimens, ses travaux et son ardeur infatigable, vous enfin qui avez mérité, par votre excellente conduite, d'être cités comme modèles aux autres légions.

Cependant, Messieurs, il est un point sur lequel je ne puis garder le silence. De ce que le dévouement de notre colonel était sans bornes, n'allez pas en conclure qu'il fut sans mesure. Ses opinions portaient toujours l'empreinte de la modération et de la sagesse ; il connaissait, mieux que personne, le danger des extrêmes. Combien de fois ne l'avons - nous pas entendu répéter que ce serait une présomption ridicule de la part d'un sujet, que de se prétendre plus royaliste que le Roi lui-même, et qu'un vrai Français devait mettre au nombre de ses premiers devoirs, le respect pour la Charte que nous devons à la munificence du Monarque, pour cette Charte, qui, suivant toutes les probabilités, va mériter, par sa sagesse, de devenir *la Charte Européenne.*

Et c'est précisément cette égalité de conduite, cette justesse d'opinion, cette rectitude de jugement, qui ont maintenu M. LAISNÉ dans la faveur du Prince. Dans ces occasions mémorables, où les légions sont admises à déposer leurs hommages aux pieds du Trône, vous avez sans doute remarqué avec quelle distinction notre Colonel était accueilli de Sa Majesté, avec quelle bonté le Roi daignait lui adresser la parole ; et, semblable à l'influence de cet astre bienfaisant qui réchauffe de ses rayons tout ce qui l'approche, cette bonté du Monarque rejaillissait sur la Légion tout entière. Elles sont encore présentes à votre souvenir, ces expressions douces et consolantes (les dernières, hélas ! que notre chef a recueillies de la bouche royale, au mois de janvier), *M. Laisné, dites bien à la* 8°. *Légion que je la vois toujours ici avec un nouveau plaisir, mais que j'en aurais bien davantage encore à la voir chez elle* (1). Ah ! Prince chéri et digne de l'être, espérons que le Ciel ne sera pas sourd à nos vœux, et que bientôt il vous rendra cette santé parfaite à laquelle tiennent nos destinées ; espérons que bientôt il sera permis à Votre Majesté *de la voir chez elle*, cette huitième Légion, dont le dévouement vous est si connu, et qui sera toujours prête à vous défendre contre les attaques des pervers ; espérons surtout que la Providence ne permettra plus que d'indignes Français, ou plutôt d'affreux Cannibales viennent jeter le trouble et l'épouvante jusques dans votre palais, ni qu'ils puissent, par des forfaits, jusqu'alors inconnus, souiller désormais l'asile sacré des Rois (2).

Pardonnez-moi, Messieurs, cette courte épisode ; elle n'était pas inutile, puisqu'en vous rappelant les bontés du Monarque pour

(1) Ce sont les propres expressions du Roi.

(2) Allusion à l'affreuse tentative du 27 janvier.

celui dont nous pleurons la perte, elle vous rap-pelle en même temps combien il en était digne.

Telle était la position de M. LAISNÉ, que l'envie elle-même, que tout fatigue, jusqu'à la vertu, aurait vainement essayé sur lui les traits de sa malignité. Honoré de la confiance du Prince, gratifié de l'estime d'un Maréchal de France, dont le nom seul est un éloge, et qui nous offre, dans sa per-sonne, l'heureux assemblage de l'honneur et de la bravoure unis à la fidélité (1), considéré au dehors, parfaitement heureux dans son intérieur, M. LAISNÉ n'avait plus de vœux à former. Il touchait au moment de recueillir le fruit de trente années de travaux, et de jouir, au sein de la re-traite, d'une aisance d'autant plus hono-rable, qu'elle était légitimement acquise.

---

(1) M. le duc de Reggio, Maréchal, commandant en chef la Garde Nationale de Paris, et qui nous commande bien plus encore par l'amour que nous lui portons, que par le devoir qui nous soumet à ses ordres.

Mais hélas ! C'est à l'instant où la fortune semble nous tendre une main secourable, pour nous conduire plus sûrement au port, que l'impitoyable mort, son émule en perfidie, vient nous saisir à l'improviste, et nous précipiter dans l'abîme.

Quoiqu'il en soit, si **M. LAISNÉ**, moissonné dans la force de l'âge, a trop peu vécu pour ses parens et ses amis, quelle longue, quelle immense carrière il a parcourue, pour lui-même, pour son honneur et pour sa gloire.

Ombre vénérable ! Non, les leçons de ta sagesse ne seront point perdues. Les morts n'ont plus besoin d'éloges, mais les vivans ont besoin d'exemples, et si ta fin prématurée nous avertit qu'il faut peu compter sur une vie fugitive, mille fois plus agitée qu'une mer orageuse, tes exemples nous apprennent ce qu'il faut faire pour vivre long-temps dans la mémoire des hommes. Ils nous disent que, pour laisser de longs et d'honorables souvenirs, il faut, comme toi, signaler tous nos momens par des services rendus au Prince et à la Patrie, par des actions utiles au public, par des bienfaits envers nos semblables, par des travaux infatigables pour le bonheur des nôtres ; qu'il faut enfin, comme toi, réaliser ce vœu d'un sage, et pouvoir dire : *Je n'ai pas perdu un seul jour.*

FIN.